# WORDS FOR THE ROAD V
100 short reflections and puns


# ORD MED PÅ VEIEN V
100 korte refleksjoner og ordspill

# Other books written by George Manus

THOUGHTS, English
TANKER, Norwegian

REFLECTIONS I, English
REFLEKSJONER I, Norwegian

REFLECTIONS II, English
REFLEKSJONER II, Norwegian

REFLECTIONS III, English
REFLEKSJONER III, Norwegian

A WOMAN'S MANY MIGRATIONS, English
EN KVINNES MANGE FLYTTINGER, Norwegian

INNOVATIONS AND CREATIONS, English

THE MAX MANUS COMPANIES -70 years in communication, English
MAX MANUS FIRMAENE - 70 år i kommunikasjon, Norwegian

STORIES & THOUGHTS I, English
HISTORIER & TANKER I, Norwegian

WORDS FOR THE ROAD    ORD MED PÅ VEIEN I      English - Norwegian

WORDS FOR THE ROAD    ORD MED PÅ VEIEN II     English - Norwegian

WORDS FOR THE ROAD    ORD MED PÅ VEIEN III    English - Norwegian

WORDS FOR THE ROAD    ORD MED PÅ VEIEN IV     English - Norwegian

WORDS FOR THE ROAD    ORD MED PÅ VEIEN V      English - Norwegian

WORDS FOR THE ROAD    ORD MED PÅ VEIEN VI     English - Norwegian

WORDS FOR THE ROAD    ORD MED PÅ VEIEN VII    English - Norwegian

WORDS FOR THE ROAD    ORD MED PÅ VEIEN VIII   English - Norwegian

WORDS FOR THE ROAD    ORD MED PÅ VEIEN I X    English - Norwegian

WORDS FOR THE ROADI   ORD MED PÅ VEIEN X      English - Norwegian

You are heartedly welcome to quote from this book, respecting the copyright.

ISBN: 9788743028383

Author: George Manus
Copyright: George Manus
Design and layout: Ole Praud
Illustrations: Laura Hamborg


Print:
Books on Demand, Norderstedt, Germany

Editor:
Books on Demand, Copenhagen, Denmark, www.BoD.dk


e-mail: george.manus@mminnovation.no
Homepage: www.george-manus.jimdo.com


Utgave 2.

# Preface

This WORDS FOR THE ROAD V, the fifth in the series, I have dedicated to the " Continuation" and given the subtitle: 100 short reflections and puns. With these 100, the total have now reached 500.

As I see it, there is always a continuation. It does not have to be a continuation of the same, and in this case it is a continuation of the first four books with the same name.

When the last of the four was released, most of the content of the fifth was already put on paper.

Related to the continuation I wrote a brief reflection in 1994, which is reproduced from page 14. It is about continuation, but in a completely different context. (From Reflections I)

Most of the content in the book was first written in Norwegian and then translated into English, so I ask the reader to be overbearing about the English presentation, which often does not get quite the same rhythm and meaning as the Norwegian.

As in the previous four WORDS FOR THE ROAD, the table of contents is presented in alphabetical order in both English and Norwegian. In the book the English comes first, with the corresponding Norwegian next to it.

If you feel that you have heard any of them before, I guarantee that it has never been my intention to plagiarize.

I thank Laura Hamburg for the illustrations and my friend Ole Praud for his consultancy work.

The South of Spain
November 2019
George Manus e-mail: george.manus@mminnovation.no

# Forord

Denne ORD MED PÅ VEIEN V, den femte i rekken, har jeg dedikert til" Fortsettelsen" og gitt undertittelen: 100 korte refleksjoner og ordspill. Med disse 100 er det nå totalt blitt til 500.

Slik jeg ser det er det alltid en fortsettelse. Det behøver ikke være en fortsettelse av det samme, og i dette tilfelle er det en videreføring av de fire første bøkene med samme navn.

Når den siste av de fire ble utgitt, var mesteparten av innholdet til den femte allerede satt på papiret.

Relatert til fortsettelse skrev jeg en kort refleksjon i 1994, som gjengis fra side 18. Den dreier seg om fortsettelse, men i en helt annen sammenheng. (Fra Refleksjoner I)

Det meste av innholdet i boken ble først skrevet på norsk og deretter oversatt til engelsk, så jeg ber leseren være overbærende når det gjelder den engelske presentasjonsformen, som ofte ikke får helt den samme rytmen og meningen som den norske.

Som i de tidligere fire ORD MED PÅ VEIEN, presenteres innholdsfortegnelsen i alfabetisk rekkefølge både på engelsk og norsk. I boken kommer de engelske først, mcd de korresponderende norske ved siden av.

Hvis du har følelsen av at du har hørt noen av dem før, garanterer jeg at det aldri har vært min tanke og plagiere.

Jeg takker Laura Hamborg for illustrasjonene og min venn Ole Praud for konsulentarbeidet.

Syd i Spania
November 2019
George Manus e-mail: george.manus@mminnovation.no

# CONTENT

| | |
|---|---|
| ADVERSITY | 42 |
| AFFILIATION | 50 |
| A LOOK | 64 |
| ANGLE | 32 |
| ARROGANCE II | 38 |
| ASSESSMENT | 62 |
| AUTODIDACT | 34 |
| BAD PEOPLE | 34 |
| BALANCE AND IMBALANCE | 26 |
| BE AWARE | 50 |
| BICKERING | 38 |
| BUILDING SWALLOWS NESTS | 66 |
| COMPROMISE III | 38 |
| CONFUSION II | 24 |
| COURTESY | 58 |
| DATA I | 30 |
| DISAPPOINTMENT I | 58 |
| DISPLACE | 82 |
| EASIER SAID THAN DONE I | 48 |
| EVALUATION I | 22 |
| EVALUATION II | 24 |
| EXISTENCE | 46 |
| EXTREME DEMOCRACY I | 50 |
| EXTREME DEMOCRACY II | 80 |
| EXTREME DEMOCRACY III | 52 |
| EXTREME DEMOCRACY IV | 52 |
| FAKE NEWS II | 22 |
| FEELING OF GUILT I | 64 |
| FOOD FOR THOUGHT | 40 |
| FOR SPECIAL INTERESTED | 34 |
| FROM TOP TO TOP | 72 |
| GOOD TO KNOW | 68 |
| GROWING TREES | 64 |

| | |
|---|---|
| HOME | 24 |
| HOPELESSNESS AND POSITIVITY | 42 |
| HUMAN KNOWLEDGE - PSYCHOLOGY | 48 |
| HUMILITY | 52 |
| INSECURITY | 76 |
| INTERESTS | 22 |
| INTRIGUES | 62 |
| IN YOUR HEART | 74 |
| IQ TEST | 74 |
| JOY AND SORROWS | 76 |
| LAUGHTER AND CRY II | 74 |
| LIE II | 30 |
| LIFE AND OUR SELF | 70 |
| LIFE SITUATION | 60 |
| LIGHT IN THE TUNNEL | 44 |
| LIVE LIFE | 68 |
| LIVING IN THE SHADOW OF OTHERS | 70 |
| LOTTERY | 36 |
| LOVE, LAST BUT NOT LEAST | 68 |
| MEN AND SEX | 30 |
| MODESTY I | 44 |
| MONEY I | 56 |
| MUTUAL TRUST | 58 |
| NATURAL AND GREEDY | 44 |
| NEGLECT | 32 |
| OBVIOUS | 60 |
| PERCENTAGES | 36 |
| POLITICAL EVOLUTION | 56 |
| POMPOUS I | 64 |
| PROFESSIONAL PRIDE | 62 |
| PROPORTIONS I | 24 |
| RESPECT FOR ONE ANOTHER | 66 |
| REUNION | 40 |
| SELF-ASSESSMENT-SELF-CRITICISM | 82 |

SIMPLIFICATION IN POLICY 32
SPOILING WOMEN 36
STRONG AND WEAK II 46
STUBBORNNESS 60
STUPIDITIES II 60
SUNLIGHT 72
TAMING THE THOUGHTS 40
TEST 70
THE EGOIST 46
THE GREAT 32
THE PAST 80
THE SNOB 44
THOUGHTFUL 46
THOUGHTS III 38
TO GATHER AND SPREADING 80
TOLERANCE AND BALANCE 42
TOLERANCE I 66
TO LIKE 80
TO LOSE SOMETHING 56
TO SHOW EMOTIONS 62
TO STAND ON THE HEAD 48
TO THE BOTTOM 72
TO THE TOP 74
TREAT 76
TRUSTWORTHY 58
TRUTH I 76
UNFORGIVABLE 30
UNIVERSE 26
UNSOLVABLE? 82
UNWANTED THOUGHTS 26
USE AND ABUSE 40
VISIONARIES 48
WISDOM 72

# INNHOLD

| | |
|---|---|
| ARROGANSE II | 39 |
| AUTODIDAKT | 35 |
| BALANSE OG UBALANSE | 27 |
| BEDØMMELSE I | 23 |
| BEDØMMELSE II | 25 |
| BESKJEDENHET I | 45 |
| BLIKKET II | 65 |
| BRUKE OG MISSBRUKE | 41 |
| BYGGING AV SVALEREDER | 67 |
| DÅRLIGE MENNESKER | 35 |
| DATA I | 31 |
| DET STORE | 33 |
| DUMHETER II | 61 |
| EGOISTEN I | 47 |
| EKSISTENS | 47 |
| EKSTREMDEMOKRATI I | 51 |
| EKSTREMDEMOKRATI II | 81 |
| EKSTREMDEMOKRATI III | 53 |
| EKSTREMDEMOKRATI IV | 53 |
| FALSKE NYHETER II | 23 |
| FORENKLING I POLITIKKEN | 33 |
| FOR SPESIELT INTERESSERTE | 35 |
| FORTIDEN | 81 |
| FORTRENGE | 83 |
| FORVIRRING II | 25 |
| FRA TOPP TIL TOPP | 73 |
| GJENSIDIG TILLIT | 59 |
| GJENSYN | 41 |
| GLEDER OG SORGER | 77 |
| GODT Å VITE | 69 |
| HÅPLØSHET OG POSITIVITET | 43 |
| HJEMMET | 25 |
| HØFLIGHET II | 59 |

I DITT HJERTE 75
INNLYSENDE I 61
INTERESSER 23
INTRIGER 63
IQ TEST 75
KJÆRLIGHET ER VIKTIG 69
KOMPROMISS III 39
LATTER OG GRÅT II 75
LETTERE SAGT ENN GJORT I 49
LEV LIVET 69
LIVET OG OSS SELV 71
LIVSSITUASJON 61
LØGN II 31
LOTTERI 37
LYS I TUNNELEN 45
MENNESKEKUNNSKAP - PSYKOLOGI 49
MENN OG SEX 31
MOTGANG 43
MUNNHUGGERI 39
NATURLIG OG GRÅDIG 45
NEGLISJERING 33
OMTENKSOMHET II 47
PENGER I 57
POLITISK EVOLUSJON 57
POMPØS I 65
PROPORSJONER I 25
PROSENTDELER 37
RESPEKT FOR HVERANDRE 67
SAMLING OG SPREDNING 81
SANNHET I 77
SELVBEDØMMELSE OG SELVKRITIKK 83
SKUFFELSE I 59
SKYLDFØLELSE I 65
SNOBBEN 45

SOLLYS                              73
STANDHAFTIGHET I                    61
STERK OG SVAK II                    47
TÅLMODIGHET OG BALANSE              43
TANKER III                          39
TANKEVEKKERE                        41
TEST                                71
TIL Å STOLE PÅ                      59
TIL BUNNEN                          73
TILHØRIGHET                         51
TIL TOPPEN                          75
TOLERANSE I                         67
TRÆR SOM GROR                       65
ULØSELIG?                           83
UNIVERSET                           27
UØNSKEDE TANKER                     27
USIKKERHET                          77
UTILGIVELIG                         31
VÆR OPPMERKSOM                      51
VINKLING                            33
VISDOM                              73
VISJONÆRER                          49
VURDERING                           63
YDMYKHET                            53
YRKESSTOLTHET                       63
Å BEHANDLE                          77
Å LEVE I SKYGGEN AV ANDRE           71
Å LIKE                              81
Å MISTE NOE                         57
Å SKJEMME BORT KVINNER              37
Å STÅ PÅ HODET                      49
Å TEMME TANKENE                     41
Å VISE FØLELSER                     63

# Continuation

*April 1994*

There's always a continuation, a continuation of what?
I'm way up high again, thirty thousand feet, exciting thoughts.
A wonderful stay in Spain, nothing really negative.
That's not to say that everything was positive, but it's a budding affair.

Up here once more, continuing towards what? A continuation can be short, or long. For example this continuation, the trip to Norway. It seems, seen through my eyes right now, somewhat long.

A wonderful sunrise at seven or half past, being driven to the airport by Tom. The plane was on time from Almeria, landed in Madrid on the dot.

Avieco is evidently the most punctual airline in Europe at the moment.

Strange, Hjalle, whose name is actually Hjalmar, was going from Almeria to Oslo on Friday last week. It took two days. The start was, or should have been with the same airline, something like that makes inroads into their statistics.

Everything is a continuation. Statistics can never be corrected unless there is a continuation.

Short term continuation ruins the statistics. The law of large numbers only applies to long-term continuation.

Apropos continuation. Had one taken a charter flight, one would, of course, have been in Oslo in . . . no, I'd have been there already.

It's twenty minutes past one. Iberia from Madrid to Geneva, then a continuation to Zurich in order to continue from there to Oslo. Expect to be there about eleven o'clock. Three take-offs, three landings.

I felt that something was probably wrong. Not three take-offs and three landings at all. We are talking about four take-offs and four landings. I forgot to include Geneva Zurich.

Continuation, does it have something to do with dimension? Micro, macro.

When I take out the map, I have to hold it correctly, the way one normally looks at it, not upside down.

We're on our way north and Africa is down there, easier to read that way, but I actually need to turn the map around a bit.
Almeria Madrid is almost due north, but the continuation, Madrid Geneva, is in fact two whole latitude degrees to the right, eastwards.

It seems more precise when one goes into detail, macro, micro. I wouldn't have been able to observe this, if I hadn't opened the April 1994 edition of "Quanta Iberica", Iberia's flight magazine.

The close up map is on page 87.

It's easier to read the different place names when one holds the magazine the correct way. A bit more accurate, I guess we must be more or less above Toulouse in France.

It's now twenty minutes to two. Micro, macro.

How do they feel, those who in ninety minutes circle

the Earth in a capsule or a spaceship?

I seem to remember that it takes about that amount of time to circle the Earth once. If they'd been on one of their voyages right now and looked down, they would have passed this latitude twice and been on their third circuit around the Earth, in the time it's taken from when I started out from Almeria this morning until now.

Continuation, one somehow has to believe that there's something more.

England, Hadrian's Wall, an outpost of the Roman Empire. A message is to be sent to the senate in Rome. Horseback, sea voyage, horseback. Weeks?

Several days at least. Continuation in those days.

One feels that there has to be something more, a continuation.

The engine rhythm is changing, about one centimetre left to Geneva.

Way up high,

## STATISTICS

Statistics can never be corrected if there is no continuation.

*2018*

# Fortsettelse

*April 1994*

Det er alltid en fort-
settelse, en fortsettel-
se på hva?

Jeg befinner meg
igjen høyt oppe,
tredve tusen fot,
spennende tanker.

Praktfullt opphold i Spania, ikke en ting som egentlig
var negativt. Ikke derved sagt at alt var positivt, men det
er gryende blomstring.

Igjen her oppe, tanker, fortsettelse til hva? En fortset-
telse må kunne være kort, eller lang. Eksempelvis denne
fortsettelsen, turen til Norge.

Den fortoner seg, sett med mine øyne akkurat nå,
lang.

Praktfull soloppgang klokken syv halv åtte, ble kjørt
til flyplassen av Tom. Flyet i rute fra Almeria, landet på
minuttet i Madrid.

Avieco er i øyeblikket det mest presise flyselskap i
Europa.

Pussig, Hjalle, han heter egentlig Hjalmar, skulle fre-
dag i forrige uke reise fra Almeria til Oslo. Det tok to
døgn.

Starten var, eller skulle ha vært med det samme fly-
selskap. Slikt gjør innhugg i deres statistikk.

Alt er en fortsettelse. Statistikk kan aldri rettes opp
hvis det ikke er en fortsettelse.

Kortsiktige fortsettelser ødelegger statistikken. De
store talls lov gjelder kun i forbindelse med lange fort-
settelser.

Fortsettelse ja. Hadde man vært på charter, hadde man selvfølgelig vært i Oslo om... nei, jeg hadde allerede vært der.

Klokken er tyve minutter over ett. Iberia fra Madrid til Genève, fortsettelse til Zürich for så å fly videre derfra til Oslo. Regner med å være fremme omtrent klokken elleve. Tre avganger, tre landinger.

Fortsettelse, betyr det det samme som at livet går videre? Det blir liksom bare i en litt annen form. Men egentlig er det det samme.

Jeg følte nok at det var noe galt. Slett ikke tre avganger og tre landinger. Det er fire avganger og fire landinger det er snakk om. Jeg hadde glemt å ta med Genève Zürich.

Fortsettelse, har det noe med dimensjon å gjøre? Mikro, makro. Når jeg nå tar kartet frem må jeg først holde det riktig, slik man er vant til å se det, ikke opp ned.

Vi er på vei nordover med Afrika der nede, lettere å lese på den måten, men jeg må egentlig vri litt på kartet. Almeria Madrid nesten rett nordover, men fortsettelsen, Madrid Genève, faktisk to hele breddegrader mot høyre, østover.

Det blir liksom mer presist når man går i detalj, makro, mikro. Jeg kunne selvfølgelig ikke ha observert dette hvis jeg ikke hadde åpnet "Quanta Iberica", aprilutgaven 1994., "flightmagasinet" for Iberia.

Nær-kartet er på side 87. Det er lettere å lese forskjellige stedsnavn når man holder bladet den riktige vegen. Litt mer presist; jeg regner med at vi nå befinner oss omtrent over Touluse i Frankrike.

Klokken er blitt tyve minutter på to. Mikro, makro.

Hvordan føler de det, de som på nitti minutter sirkulerer rundt jorden i en kapsel eller en romferge?

Jeg synes å huske at det omtrent tar så lang tid å sirkulere jorden en gang. Hadde de vært på en av sine turer nå og sett ned, ville de ha passert denne breddegraden to ganger og være på vei på sin tredje runde rundt jorden, sammenlignet i tid med det tidspunkt jeg startet fra Almeria i morges og frem til nå.

Fortsettelse, man må på en måte tro at det er noe mer.

England, Hadrians murer - Romerrikets utpost. En melding skal sendes til senatet i Rom. Hesterygg, seil, hesterygg. Uker? I et hvert fall flere dager. Fortsettelse fra den gang.

Man føler at det må være noe mer - fortsettelse.

Omslag i motorrytmen, omtrent en centimeter igjen til Genève.

Høyt der oppe.

## STATISTIKK

Statistikk kan aldri rettes opp hvis det ikke er  fortsettelse.

*2018*

# EVALUATION I

Others judge you based on your actions and your behaviour. If you have the attitude that you don't care, you cannot expect anything else than general negativity to your personality.

*2018*

# FAKE NEWS II

Anyone who has not observed that we are being presented large amounts of so-called "Fake News" may not have been particularly observant when they acquire news, be it of written as well as verbal and pictorial.

*Nov. 2019*

# INTERESTS

Most of us are more Interested in our own opinions than in others.

*Nov. 2018*

## BEDØMMELSE I

Andre bedømmer deg på bakgrunn av dine handlinger og din væremåte. Har du den holdning at det bryr du deg ikke om, kan du heller ikke forvente annet enn generell negativitet til din personlighet.

*2018*

## FALSKE NYHETER II

Den som ikke har fått med seg at vi presenteres for store mengder såkalte "Falske Nyheter" kan umulig ha fulgt særlig godt med når de tilegner seg nyheter, det være seg skriftlige så vel som muntlige og billedlige.

*Nov. 2019*

## INTERESSER

De fleste av oss er mer Interessert i våre egne meninger enn i andres.

*Nov. 2018*

## PROPORTIONS I

Is it so that if you are used to living with little, the "little" will become so much bigger and more significant? If so, does that mean that if you are used to live with a lot, the "lot" becomes much less significant?

*March 2019*

## CONFUSION II

As a child you are fed with the myth that we are all alike - while we as adults every day experiences that the opposite is the case.

*March 2019*

## EVALUATION II

Any person's Evaluation of a situation is based on the person's prerequisites.

*March 2019*

## HOME

One must live and experience before one decide what must be done to make life easier and more comfortable for one-selves.

*2019*

## PROPORSJONER I

Er det slik at er man vant til å leve med lite, så blir det "lille" så mye større og mer betydningsfullt? I så fall, betyr det at hvis man er vant til å leve med mye, så blir det "mye" så mye mindre betydningsfullt?

*Mars 2019*

## FORVIRRING II

Som barn blir vi matet med myten om at vi alle er like - mens vi som voksen hver eneste dag erfarer at det motsatte er tilfelle.

*Mars 2019*

## BEDØMMELSE II

Ethvert menneskes Bedømmelse av en situasjon baseres på vedkommendes forutsetninger.

*Mars 2019*

## HJEMMET

Man må leve og erfare, før man tar stilling til hva som må gjøres for å lage tilværelsen enklere og mer behagelig for seg og sine.

*2019*

**UNIVERSE**
If it is true that our Master has created the Universe, he had not allowed us wranglers here on earth to be the only life he bet on. For what we know we can end up destroying all life including ourselves, and then what?

*2019*

**UNWANTED THOUGHTS**
To drive Thoughts on the run should, in my opinion be a special subject at school. In our time with unlimited access to information, both good and useful and the ones we can do without, we should be able to do that.

*2019*

**BALANCE AND IMBALANCE**
Happiest are those who find Balance in daily life. Imbalance creates an unconscious continuous struggle to achieve Balance.

## UNIVERSET

Hvis det er riktig at vår Herre har skapt Universet, så hadde han vel ikke latt oss kranglefanter her på jorden være det eneste liv han satset på. Vi kan jo for det vi vet ende opp med å tilintetgjøre alt liv vi kjenner til, inkludert oss selv, og hva så?

*2019*

## UØNSKEDE TANKER

Det å drive Tankene på flukt burde etter min mening være et eget fag på skolen. I vår tid med ubegrenset tilgang på informasjon, både de som er gode og nyttig og de som vi godt kan være foruten, burde vi kunne det.

*2019*

## BALANSE OG UBALANSE

Lykkeligst er de som finner Balanse i dagliglivet. Ubalanse skaper en ubevisst kontinuerlig kamp for å oppnå Balanse.

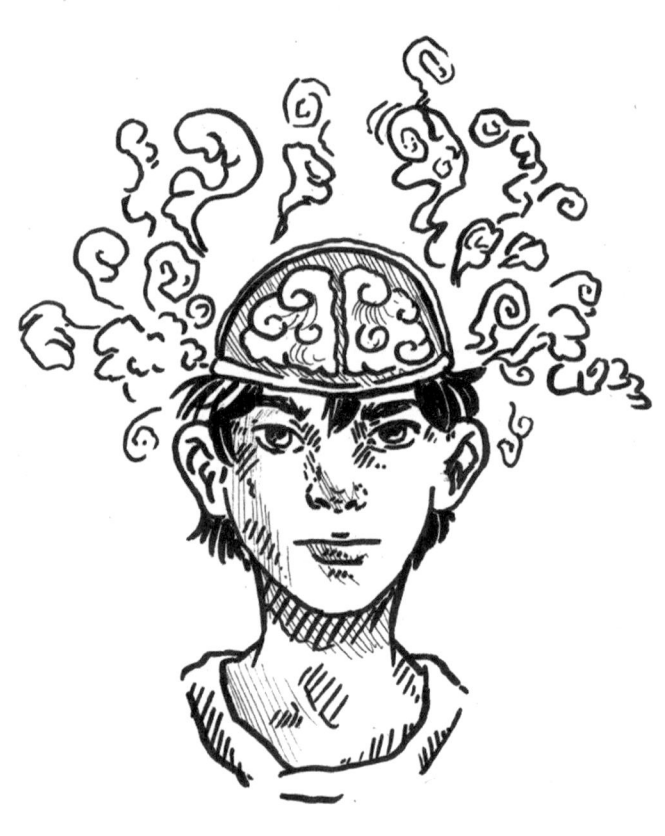

*Thoughts and steam*
*Tanker og damp*

*Laura Hamborg*

*Trustworthy*
*Til å stole på*

*Laura Hamborg*

## LIE II

In my opinion, one of society's biggest Lies, which most of us in the so-called modern world has grown up with is, that we are all equal. Humans never have or ever will be equal.

*2019*

## MEN AND SEX

When otherwise healthy Men are not interested in Sex, women should ask themselves some critical questions.

*March 2019*

## UNFORGIVABLE

The limit of the Unforgivable should not be too narrow, except in obvious cases.

*March 2019*

## DATA I

Data is a blessing - but can also be hell.

*March 2019*

## LØGN II

Etter min mening er en av samfunnets største Løgner, som de fleste av oss i den såkalt moderne verden er vokst opp med, at vi alle er like. Vi mennesker har aldri vært og vil aldri bli like.

*2019*

## MENN OG SEX

Når ellers friske Menn ikke er interessert i Sex, bør kvinnene stille seg selv noen kritiske spørsmål.

*Mars 2019*

## UTILGIVELIG

Grensen for det Utilgivelige bør ikke være for snever, bortsett fra i innlysende tilfeller.

*Mars 2019*

## DATA I

Data er en velsignelse, men kan også være et helvete.

*Mars 2019*

31

## ANGLE
Try to see things from the Angle that it is just me who looks at the situation from my side, while everyone else sees it from theirs.

*April 2019*

## THE GREAT
What is Great for you when it happens is probably like trifles to count for others, or totally uninteresting.

*April 2019*

## NEGLECT
Anyone who neglects past and future - should not be allowed to take part in ruling the country

*April 2019*

## SIMPLIFICATION IN POLICY
The trick is to Simplify without impairment.

*April 2019*

## VINKLING
Prøv å se tingene fra Vinklingen at det bare er jeg som ser situasjonen fra min side, mens alle andre ser den fra sin.

*April 2019*


## DET STORE
Det som er Stort for deg når det skjer, er antagelig som bagateller å regne for andre, eller totalt uinteressant.

*April 2019*


## NEGLISJERING
Den som Neglisjerer fortid og fremtid - bør ikke få ta del i å styre landet.

*April 2019*


## FORENKLING I POLITIKKEN
Kunsten er å Forenkle uten verdiforringelse.

*April 2019*

## AUTODIDACT
The Autodidact gets his education through self-learning and life experience, while the traditionally educated bases himself on the learning and experience of others.

*April 2019*

## BAD PEOPLE
Bad people are those who climb the social ladder from nothing and then look down on the others.

*April 2019*

## FOR SPECIAL INTERESTED
The news in Spain shows bombers in action during the Spanish civil war and report on un-detonated bombs that are excavated, without explaining who released the bombs and why they did it.

*April 2019*

## AUTODIDAKT

Autodidakten får sin utdannelse gjennom selv-læring og livserfaring, mens den tradisjonelt ut-dannede baserer seg på andres lærdom og erfa-ring.

*April 2019*

## DÅRLIGE MENNESKER

Det er dårlige Mennesker som fra intet klatrer den sosiale stigen, for så å se ned på de andre.

*April 2019*

## FOR SPESIELT INTERESSERTE

Nyhetene i Spania viser bombefly i aksjon un-der den Spanske borgerkrig og rapporterer om udetonerte bomber som graves frem, uten å for-klare hvem som slapp bombene og hvorfor de gjorde det.

*April 2019*

## PERCENTAGES
Only a small Percentage of the population brings the world forward, while a far greater Percentage is working to stop that development.

*April 2019*

## SPOILING WOMEN
It's strange, but Spoiling Woman will in one way or another give negative feedback.

*April 2019*

## LOTTERY
It's many ways of squeezing money out of the ones having too little of it. Lottery of all kinds is the answer. 80 percent spend part of their hard-earned funds with the hope of big gains, while 20 percent don't believe in that way to make fortunes.

*April 2019*

## PROSENTDELER

Kun en liten Prosent av befolkningen bringer verden fremover, mens en langt større Prosent er opptatt av å stoppe den utviklingen.

*April 2019*

## Å SKJEMME BORT KVINNER

Det er merkelig, men å Skjemme bort Kvinner vil på en eller annen måte gi negativ tilbakemelding.

*April 2019*

## LOTTERI

Lotteri i alle former er svaret på hvordan man kan skvise penger fra dem som har for lite fra før. 80 prosent bruker deler av sine hardt opptjent midler med håp om store gevinster, mens de resterende 20 prosent ikke tror på den måten å skape formuer.

*April 2019*

## COMPROMISE III

To compromise is something we must all learn, but whatever you do, don't let it become a permanent state.

*April 2019*

## ARROGANCE II

Those who act with Arrogance because they think it gives strength, are unwise, while it's a pity for those who are born Arrogant and unable to put this bad property behind.

*April 2019*

## BICKERING

If I could write music I would have composed a wonderful accompaniment to the Bickering and endless interruptions one witness during the Spanish political debates before the election on April 28th.

*April 2019*

## THOUGHTS III

It's said that "The Thought is duty-free". Luckily so, otherwise I would be a poor man.

*April 2019*

## KOMPROMISS III

Å gå på Kompromiss er noe vi alle må lære oss, men for all del, ikke la det bli en permanent tilstand.

*April 2019*

## ARROGANSE II

De som opptrer med Arroganse fordi de tror det gir styrke er ukloke, mens det er synd på dem som er født Arrogante og ikke klarer å legge denne dårlige egenskapen bak seg.

*April 2019*

## MUNNHUGGERI

Hvis jeg kunne skrive musikk, ville jeg ha komponert et herlig akkompagnement til det Munn-huggeriet og de endeløse avbrytelser som man er vitne til under de politiske debatter i Spania, før valget den 28nde april.

*April 2019*

## TANKER III

"Tanken er tollfri" heter det. Heldigvis, da jeg ellers ville være en fattig mann.

*April 2019*

## TAMING THE THOUGHTS
Those who find the recipe for Taming the Thoughts are sitting on a goldmine.

*April 2019*

## USE AND ABUSE
The difference between Use and Abuse can be very small, and one wrong step in that context can be fateful.

*April 2019*

## FOOD FOR THOUGHT
Food for Thought are usually obtained from others, but being aware they can often be sucked from one's own breast.

*April 2019*

## REUNION
A Reunion can become what you make it yourself.

*April 2019*

## Å TEMME TANKENE
De som finner oppskriften på å Temme Tankene, sitter på en gullgruve.

*April 2019*


## BRUKE OG MISSBRUKE
Forskjellen på å Bruke og Missbruke kan være svært liten og feilskjær i den sammenheng kan være skjebnesvangre.

*April 2019*


## TANKEVEKKERE
Tankevekkere får man som regel fra andre, men er mann oppmerksom kan de ofte suges fra eget bryst.

*April 2019*


## GJENSYN
Et Gjensyn kan bli det man selv lager det til.

*April 2019*

## HOPELESSNESS AND POSITIVITY

In the world of Hopelessness, it's difficult to orientate oneself, while much can change if you let in some Positivity and focus upon it.

*April 2019*

## TOLERANCE AND BALANCE

If you are Tolerant without letting it become a sleeping pad, one can achieve better Balance with oneself.

*April 2019*

## ADVERSITY

No one avoids meeting Adversity in life and it's just two outputs in this context. Either you work through them, or not. The choice should be obvious. It is, by the way, none shame to ask others for advice.

*April 2019*

## HÅPLØSHET OG POSITIVITET

I Håpløshetens verden er det vanskelig å orientere seg, mens mye kan forandre seg hvis man slipper inn litt Positivitet og fokuserer på det.

*April 2019*


## TÅLMODIGHET OG BALANSE

Er man Tålmodig uten å la det bli en sovepute, kan man oppnå bedre Balanse med seg selv.

*April 2019*


## MOTGANG

Ingen unngår å møte Motgang i livet og det er bare to utganger i den sammenheng. Enten arbeider man seg gjennom dem, eller ikke. Valget burde være innlysende. Det er for øvrig ingen skam å spørre andre til råds.

*April 2019*

## LIGHT IN THE TUNNEL
Depending on whether the Tunnel is straight or winding, it may take a short or long time to see Light in it.

*April 2019*


## THE SNOB
The illegitimate Snob have himself acquired this blemish, while the real Snob unfortunately can't help being born with it.

*April 2019*


## MODESTY I
The natural Modest unfortunately gets poor score for this noble property. The reason may be that too few appreciates Modesty.

*April 2019*


## NATURAL AND GREEDY
Natural ambitions are an essential ingredient in progress, while Greed will never get a positive sign.

*April 2019*

## LYS I TUNNELEN

Alt avhengig av om Tunnelen er rett eller svingete, kan det ta kort eller lang tid før man ser Lys i den.

*April 2019*


## SNOBBEN

Den uekte snobben har selv tilegnet seg denne skavanken, mens den ekte Snobben dessverre ikke kan noe for at han er født slik.

*April 2019*


## BESKJEDENHET I

Den naturlig Beskjedne får dessverre dårlig uttelling for denne edle egenskap. Årsaken kan være at alt for få verdsetter Beskjedenhet.

*April 2019*


## NATURLIG OG GRÅDIG

Naturlige ambisjoner er en vesentlige ingrediens i fremdrift, mens Grådighet aldri vil få et positivt fortegn.

*April 2019*

## EXISTENCE
Everything that happens today has in one way or other an impact on the future. Think about it and be proud of who you are, no matter who you are.

*Oct. 2019*

## THE EGOIST
The Egoist will never be satisfied with himself, however much he tries.

*April 2019*

## THOUGHTFUL
The natural Thoughtful will rarely get a reward for his trait, whatever the context.

*April 2019*

## STRONG AND WEAK II
The Weakness of the Strong - may be the Strength of the Weak.

*April 2019*

# EKSISTENS

Alt som skjer i dag har i en eller annen form en innvirkning på fremtiden. Tenk over det og vær stolt over den du er, uansett hvem du er.

*Okt. 2019*

# EGOISTEN I

Egoisten vil aldri bli fornøyd med seg selv, uansett hvor mye han prøver.

*April 2019*

# OMTENKSOMHET II

Den naturlig Omtenksomme vil sjelden få uttelling for sin egenskap, uansett i hvilken sammenheng.

*April 2019*

# STERK OG SVAK II

De Sterkes Svakhet - kan bli den Svakes Styrke.

*April 2019*

## VISIONARIES
All Visionaries are failing - It's their guidelines for reaching their goals.

*April 2019*

## TO STAND ON THE HEAD
Standing on the Head does not necessarily mean that one has both legs in the air.

*May 2019*

## HUMAN KNOWLEDGE - PSYCHOLOGY
Why is Human knowledge and Psychology important, if what we learned from the first day at school is correct, that we are all alike?

*May 2019*

## EASIER SAID THAN DONE I
To evoke the good thoughts instead of struggling with an overweight of the bad, is Easier Said Than Done.

*October 1995*

## VISJONÆRER

Alle Visjonærer feiler - det er deres retningslinjer for å nå målet.

*April 2019*


## Å STÅ PÅ HODET

Det at man Står på Hodet betyr nødvendigvis ikke at man har bena i været.

*Mai 2019*


## MENNESKEKUNNSKAP - PSYKOLOGI

Hvorfor er Menneskekunnskap og Psykologi viktig hvis det er slik vi lærte det fra første skoledag, at vi alle er like?

*Mai 2019*


## LETTERE SAGT ENN GJORT I

Det å mane frem de gode tankene istedenfor å baske med en overvekt av de vonde, er Lettere Sagt Enn Gjort.

*Oktober 1995*

## BE AWARE

Be Aware if you are one of those who tries to suppress those making the world go forward. You are on your way to dig your own grave.

*May 2019*

## AFFILIATION

Natural Affiliation provide security and kindness for us humans. However, those who seek affiliation, or for other reasons fall into bad company, can easily end up in problems.

*May 2019*

## EXTREME DEMOCRACY I

Those who support the Extreme Democracy will one day understand that they thereby have undermined the fundamental values of Democracy.

*May 2019*

## VÆR OPPMERKSOM

Vær oppmerksom hvis du er en av dem som for-
søker å undertrykke de som får verden til å gå
fremover. Du er på vei til å grave din egen grav.

*Mai 2019*

## TILHØRIGHET

Naturlig Tilhørighet gir trygghet og god følelse
for oss mennesker. De som imidlertid søker Til-
hørighet, eller av andre grunner havner i dårlig
selskap, kan lett få problemer.

*Mai 2019*

## EKSTREMDEMOKRATI I

De som støtter Ekstremdemokratiet vil en dag
forstå at de derved har vært med på å undergra-
ve demokratiets fundamentale verdier.

*Mai 2019*

## EXTREME DEMOCRACY III

The Extreme Democracy is, after my opinion, as destructive and dangerous to our society as any kind of left or right-wing Extreme organizations. The Extreme Democracy is responsible for forming the breeding ground for increased influence of radical left and right-wings.

*May 2019*

## EXTREME DEMOCRACY IV

Extreme Democracy should be defined and made available as a form of governance in line with ultra-conservative or ultra-socialistic forms of governance.

*May 2019*

## HUMILITY

Many of us could successfully act a little more Humbly at times. Anyone who thinks it shows weakness to appear Humbly is in my opinion wrong.

*May 2019*

## EKSTREMDEMOKRATI III

Ekstremdemokratiet er, etter min mening, like destruktivt og farlig for vårt samfunn som noen form for venstre eller høyreorienterte ekstreme organisasjoner. Ekstremdemokratiet er ansvarlig for å danne grobunn for økende innflytelse fra radikale venstre og høyreorienterte.

*Mai 2019*

## EKSTREMDEMOKRATI IV

Ekstremdemokratiet bør defineres og gjøres tilgjengelig som en betegnelse på en styringsform på linje med ultrakonservative eller ultrasosialistiske styringsformer.

*Mai 2019*

## YDMYKHET

Mange av oss kunne med hell opptre litt mer Ydmykt til tider. Den som mener det viser svakhet å opptre Ydmykt, tar etter min mening feil.

*Mai 2019*

*Freedom and choice*
*Frihet og valg*

*Laura Hamborg*

*Growing trees*
*Trær som gror*

*Laura Hamborg*

## TO LOSE SOMETHING

It is only when you Lose Something that you understand the value of the loss.

*May 2019*

## MONEY I

The value of Money is first understood when one has lost some.

*May 2019*

## POLITICAL EVOLUTION

Evolution means development over time. In countries not yet having found a reasonably good balance between socialism and conserva-tive-ism, and there are many of them, it is natural that other extremes occasionally are voted in to help to govern. This happens for the development not to go too quick for people to adapt. The road to a balanced, just world society is long - very long - infinitely long.

*May 2019*

## Å MISTE NOE

Det er først når man Mister Noe at man forstår tapets verdi.

*Mai 2019*

## PENGER I

Verdien av Penger forstår man først når man har tapt noen.

*Mai 2019*

## POLITISK EVOLUSJON

Evolusjon betyr utvikling over tid. I land som enda ikke har funnet en rimelig god balanse mellom sosialisme og konservativ-isme, og dem er det riktig mange av, er det naturbestemt at andre ytterligheter av og til blir stemt inn for å hjelpe å styre. Dette skjer for at utviklingen ikke skal gå fortere enn at menneskene kan tilpasse seg. Veien frem til et balansert, rettferdig verdenssamfunn er lang - svært lang - uendelig lang.

*Mai 2019*

## COURTESY

Courtesy is one of the characteristics the outside world appreciates the most. Perhaps the reason is that It's so little widespread?

*May 2019*

## MUTUAL TRUST

The feeling of mutual Trust has few competitors.

*May 2019*

## TRUSTWORTHY

Everyone should have at least one to fully Trust. Do you have that?

*May 2019*

## DISAPPOINTMENT I

Nothing gives greater Disappointment than when someone you fully and firmly trusted, failed.

*May 2019*

## HØFLIGHET II

Høflighet er en av de egenskaper omverdenen setter størst pris på. Kanskje årsaken er at den er så lite utbredt?

*Mai 2019*

## GJENSIDIG TILLIT

Følelsen av gjensidig Tillit har få konkurrenter.

*Mai 2019*

## TIL Å STOLE PÅ

Alle skulle ha minst en de kan Stoler fullt og fast på. Har du det?

*Mai 2019*

## SKUFFELSE I

Intet gir større Skuffelse enn når en mann stolte fullt og fast på, sviktet.

*Mai 2019*

## OBVIOUS
Think of everything that is so Obvious that you only register it when you see it on print, or hear it.

*May 2019*

## STUBBORNNESS
Anyone who doesn't give up always finds a solution. Maybe not the right one, but anyway. Any solution gives freedom.

*May 2019*

## STUPIDITIES II
Stupidities sours the existence.

*May 2019*

## LIFE SITUATION
It is only you who experience the Life Situation you live in. Therefore, you are also responsible for your reactions in that context.

*May 2019*

## INNLYSENDE I
Tenk på alt som er så Innlysende at man først registrerer det når man ser det på trykk, eller hører det.

*Mai 2019*

## STANDHAFTIGHET I
Den som ikke gir seg finner alltid en løsning. Kanskje ikke den riktige, men allikevel. Enhver løsning gir frihet.

*Mai 2019*

## DUMHETER II
Dumheter forsurer tilværelsen.

*Mai 2019*

## LIVSSITUASJON
Det er bare deg som opplever Livssituasjonen du lever i. Derfor har du også ansvaret for dine reaksjoner i den sammenheng.

*Mai 2019*

## TO SHOW EMOTIONS
To Show Emotions are a spontaneous unconscious form of expression that one must respect.

*May 2019*

## PROFESSIONAL PRIDE
Happy is the one who is genuinely Proud of his Profession.

*May 2019*

## ASSESSMENT
In our Assessment of others, we often forget to respect the old saying: "Don't judge the dog on the fur".

*May 2019*

## INTRIGUES
Special features are required to create Intrigues. The question is whether they are learned or innate?

*May 2019*

## Å VISE FØLELSER
Å Vise Følelser er en spontan ubevisst uttrykksform som man skal respektere.

*Mai 2019*

## YRKESSTOLTHET
Lykkelig er den som genuint er Stolt av sitt Yrke.

*Mai 2019*

## VURDERING
I vår Vurdering av andre, glemmer vi ofte å respektere det gamle ordtaket:" Sku ikke hunden på hårene".

*Mai 2019*

## INTRIGER
Det kreves spesielle egenskaper for å kreere Intriger. Spørsmålet er om de er tillærte eller medfødte?

*Mai 2019*

## POMPOUS I
Does some people appear Pompous to cover inferiority complexes?

*May 2019*

## GROWING TREES
No Trees Grow into heaven, but it is true that some gets higher than others.

*May 2019*

## FEELING OF GUILT I
We all have Feeling of Guilt in one form or another. If it is justified or not only the respective one can comment on.

*May 2019*

## A LOOK
A look forward and a look back. If you take lesson from that your go further.

*May 201*

## POMPØS I
Opptrer noen mennesker Pompøst for å dekke over mindreverdighetskomplekser?

*Mai 2019*

## TRÆR SOM GROR
Ingen Trær Gror inn i himmelen, men det er riktig at noen blir høyere enn andre.

*Mai 2019*

## SKYLDFØLELSE I
Vi har alle Skyldfølelse i en eller annen form. Om den er berettiget eller ikke, kan kun den respektive uttale seg om.

*Mai 2019*

## BLIKKET II
Et blikk frem og et tilbake. Drar du lærdom fra det når du lenger.

*Mai 2019*

## BUILDING SWALLOWS NESTS
If we humans had the same courage and labour as swallows, many of our challenges could have been avoided.

*May 2012*

## RESPECT FOR ONE ANOTHER
A well-known expression that embraces far and wide, and which is an incredibly important ingredient in cohabitations many challenges. The good thing is that you don't need any experience to have Respect For One Another, only consciousness is needed. Remind yourself, at regular intervals, of what Respect For One Another really means in its broadest sense and act.

*From a wedding speech in 2005*

## TOLERANCE I
Tolerance stands for patience and the acceptance of other people' opinions. Where the ceiling is high, the volume is always greater and there's more room to play. Opposites attract it is said and there's probably a lot of truth in that, but not without tolerance.

*From a wedding speech in 2005*

## BYGGING AV SVALEREDER

Hadde vi mennesker hatt pågangsmot og arbeidskraft som svalene, kunne mange av våre utfordringer være unngått.

*Mai 2012*


## RESPEKT FOR HVERANDRE

Et velkjent uttrykk som favner vidt og som er en utrolig viktig ingrediens i samlivet mange utfordringer. Det fine er at man ikke trenger noen erfaring for å ha Respekt For Hverandre, her trengs det bare bevissthet. Minn dere selv, ved jevne mellomrom, om hva Respekt For Hverandre egentlig innebærer i sin videste forstand og la handling følge.

*Fra en bryllupstale i 2005*


## TOLERANSE I

Toleranse står for tålmodighet og fordragelighet overfor andres oppfatninger. Der hvor det er høyde under taket blir det straks større volum og mer spillerom. Motsetninger tiltrekker hverandre sies det. Sikkert mye riktig idet, men ikke uten Toleranse.

*Fra en bryllupstale i 2005*

## LIVE LIFE

"Live every day as if you were dying tomorrow" someone says. That expression is, in my opinion, somewhat drastic. If one were to follow that rule to the letter, I think that one would make oneself guilty of a brief stay on Mother Earth.

*2016*

## LOVE, LAST BUT NOT LEAST

Saying that I love you is allowed. Nor is it forbidden to say it several times a day. Can that really be necessary, some of us may ask, we are married after all, so it must go without saying. Fact is, it doesn't go without saying. We need all the encouragement we can get from these tree words and it always does good to hear them, preferably several times a day.

*From a wedding speech in 2005*

## GOOD TO KNOW

Now I know that adversity gives strength, that change can give optimism and that challenges can bring joy.

*1993*

## LEV LIVET

"Lev hver dag som om du skulle dø i morgen" er det noen som sier. Det uttrykket er etter min mening noe drastisk. Skulle man etterleve den regelen til punkt og prikke, tror jeg at man selv ville gjøre seg skyldig i et kort opphold på Moder Jord.

*2016*


## KJÆRLIGHET ER VIKTIG

Det er lov å si at jeg elsker deg. Det er heller ikke forbudt å si det mange ganger hver dag. Kan det være nødvendig da tenker kanskje noen. Vi er jo gift, så det skulle si seg selv. Det er bare det at det sier ikke seg selv. Vi trenger alle den oppmuntringen som ligger i disse tre ordene og det gjør alltid godt å høre dem, gjerne mange ganger hver dag.

*Fra en bryllupstale i 2005*


## GODT Å VITE

Nå vet jeg at motgang gir styrke, at forandringer kan gi optimisme og at utfordringer kan gi glede.

*1993*

## LIFE AND OUR SELF

It is time that we expand our thoughts about Life from the selfish "Our Selves" to seriously think about how we, who after all are equipped with the ability to act, can contribute to keep a constant balance in nature.

*2016*

## LIVING IN THE SHADOW OF OTHERS

I have never thought about if I have been Living In The Shadow of Others, but may well imagine that it may be difficult for those who believe they have done so.

*2014*

## TEST

Not everyone fits into the pattern created to judge human intelligence. No computer is yet invented that can carry out a fair rating of over seven billion different people.

*May 2019*

## LIVET OG OSS SELV

Det er på tide at vi utvider våre tanker om Livet fra det egoistiske "Oss Selv", til seriøst å tenke gjennom hvordan vi, som tross alt er utstyrt med evner til handling, kan bidra til å holde kontinuerlig balanse i naturen.

*2016*

## Å LEVE I SKYGGEN AV ANDRE

Jeg har aldri tenkt på om jeg har Levd I Skyggen Av Andre, men kan godt forestille meg at det kan være vanskelig for dem som mener de har gjort det.

*2014*

## TEST

Ikke alle passer inn i det mønsteret som er kreert for å bedømme menneskers intelligens. Ingen datamaskin er enda oppfunnet som kan utføre en rettferdig bedømmelse av over sju milliarder forskjellige mennesker.

*Mai 2019*

## SUNLIGHT

The day the Sunlight ends its "enlightenment" all life we know will probably disappear, even our own. A little gloomy maybe, but now the experts say it's about a few hundred million years until it happens, so maybe we don't have to think so much about it.

*2014*


## WISDOM

Wisdom is a pretentious word that one should be careful about using.

*May 2019*


## TO THE BOTTOM

Wherever you are - the Bottom is closer than you think.

*May 2019*


## FROM TOP TO TOP

From Top to Top is a race without stop. If you are made for that, you may just as well leave the parachute at home.

*May 2019*

## SOLLYS

Den dag Sollyset slutter sin "opplysning" forsvinner antagelig alt liv vi kjenner til, også våre egne. Litt dystert kanskje, men nå sier ekspertene at det dreier seg om noen hundre millioner år til det skjer, så kanskje vi ikke behøver å tenke så mye på det.

*2014*


## VISDOM

Visdom er et pretensiøst ord som man skal være varsom med å bruke.

*Mai 2019*


## TIL BUNNEN

Hvor enn du er - Bunnen befinner seg alltid nærmere enn du tror.

*Mai 2019*


## FRA TOPP TIL TOPP

Fra Topp til Topp er et res uten stopp. Er du skapt til det kan du like gjerne la fallskjermen ligge hjemme.

*Mai 2019*

## IQ TEST
The existence of the IQ test would indicate that intelligent people agree that we are all different.

*May 2019*

## IN YOUR HEART
In Your Heart there should be no room for those who see it as a weakness when you cry.

*May 2019*

## LAUGHTER AND CRY II
Many claims that a good Laughter prolongs life. Certainly right, but don't forget that crying does the same.

*May 2019*

## TO THE TOP
From bottom to Top there are many stops - and you only get there if you don't give up.

*May 2019*

## IQ TEST
IQ testens eksistens skulle i seg selv tilsi at intelligente mennesker er enige om at vi alle er forskjellige.

*Mai 2019*


## I DITT HJERTE
I Ditt Hjerte skal det ikke være plass til de som ser det som en svakhet når du gråter.

*Mai 2019*


## LATTER OG GRÅT II
Mange hevder at en god Latter forlenger livet. Sikkert riktig, men glem ikke at Gråten gjør det samme.

*Mai 2019*


## TIL TOPPEN
Fra bunn til Topp er det mange stopp - og du når dit kun hvis du ikke gir opp.

*Mai 2019*

## TRUTH I
Everyone forms the Truth from their own pre-requisites.

*Nov. 2018*

## INSECURITY
Insecurity means hesitation. Hesitation means lack of action and lack of action lead inevitably to negative results.

*April 2019*

## TREAT
It is an art to Treat everyday after the storm-infatuation has calmed down.

*Mars 2019*

## JOY AND SORROWS
Everyone experiences Joy and Sorrows, but why is the distribution so uneven?

*March 2019*

## SANNHET I
Enhver danner Sannheten ut fra sine egne for-
utsetninger.

*Nov. 2018*


## USIKKERHET
Usikkerhet betyr nøling. Nøling betyr man-
glende handling og manglende handling fører
ufravikelig til negative resultater.

*April 2019*


## Å BEHANDLE
Det er en kunst å Behandle hverdagen etter at
stormforelskelsens vind har løyet.

*Mars 2019*


## GLEDER OG SORGER
Alle opplever Gleder og Sorger, men hvorfor er
fordelingen så ujevn?

*Mars 2019*

*Building Swallows nests*
*Bygging av svalereder*

*Laura Hamborg*

*Fake news*
*Falske nyheter*

*Laura Hamborg*

## THE PAST
Try to displace the evil experiences of the Past, you can't do anything about them anyway, but take good care on the good ones and use them as a platform to move forward.

*April 2019*


## EXTREME DEMOCRACY II
The Extreme Democracy is created by the myth that we all are alike. If we don't stop this development, all forms for ultra-radical organizations will flourish.

*May 2019*


## TO GATHER AND SPREADING
The Gathering of many small streams makes a big river - while Spreading out is required to shoot a bird.


## TO LIKE
Try to avoid doing business with people you don't Like.

*March 2019*

## FORTIDEN

Prøv å fortrenge de vonde opplevelsene fra For-
tiden, for de kan du allikevel ikke gjør noe med,
men ta godt vare på de gode og bruk dem som
plattform for å komme videre.

*April 2019*

## EKSTREMDEMOKRATI II

Ekstremdemokratiet er skapt av myten om at
vi alle er like. Stopper vi ikke den utviklingen
vil alle former for ultraradikale organisasjoner
blomstre.

*Mai 2019*

## SAMLING OG SPREDNING

Samling av mange bekker små gjør en stor Å -
mens det kreves Spredning for å felle en fugl.

## Å LIKE

Prøv å unngå å gjøre forretninger med mennes-
ker du ikke Liker.

*Mars 2019.*

## UNSOLVABLE?
The only place where the wheel always turn backwards is on TV and film.

*March 2019*

## DISPLACE
Displacement is a safety valve.

*May 2019*

## SELF-ASSESSMENT - SELF-CRITICISM
The best way to become a better person is honest Self-Assessment checked through Self-Criticism.

*December 2010*

## ULØSELIG?

Det eneste sted hvor hjulet alltid går bakover er på TV og film.

*Mars 2019*

## FORTRENGE

Fortrengelse er en sikkerhetsventil.

*Mai 2019*

## SELVBEDØMMELSE OG SELVKRITIKK

Den beste måten å bli et bedre menneske på, er ærlig Selvbedømmelse sjekket gjennom Selvkritikk.

*Desember 2010*